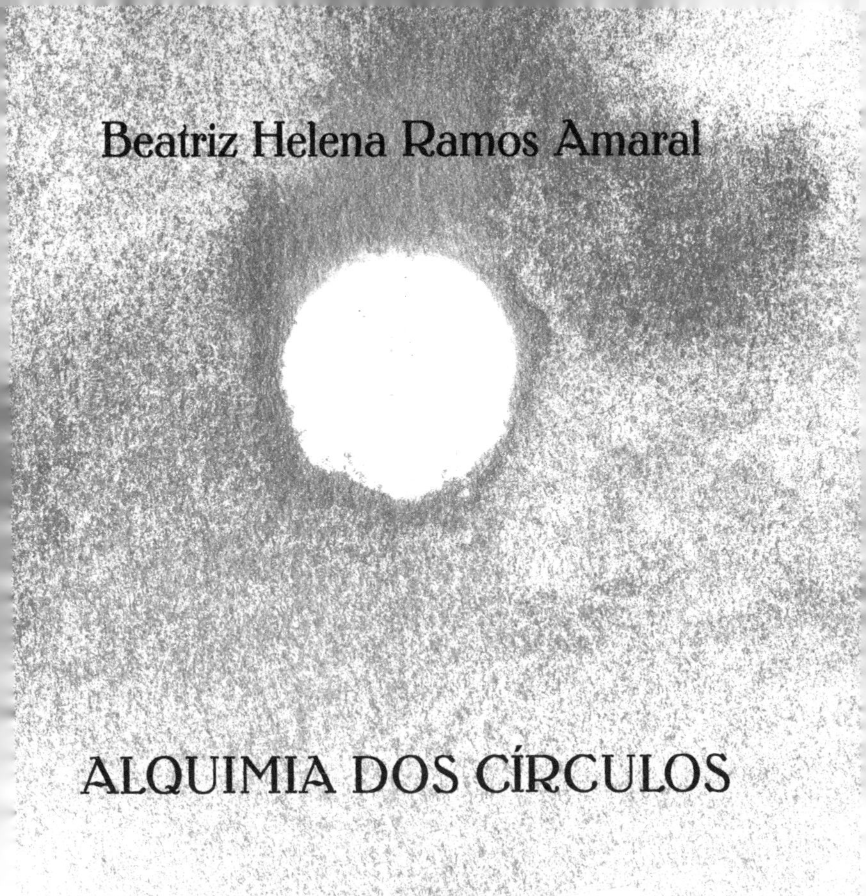

Beatriz Helena Ramos Amaral

ALQUIMIA DOS CÍRCULOS

escrituras
São Paulo, 2003

© 2003 by Beatriz Helena Ramos Amaral
Todos os direitos desta edição reservados
Escrituras Editora e Distribuidora de Livros Ltda.
Rua Maestro Callia, 123 - Vila Mariana
04012-100 São Paulo, SP - Telefax: (11) 5082-4190
e-mail: escrituras@escrituras.com.br
site: www.escrituras.com.br

Editor
Raimundo Gadelha

Coordenação editorial
Dulce S. Seabra

Capa
Aquarela de Ivani Castilho

Projeto gráfico
Vaner Alaimo

Revisão
Nydia Lícia Ghilardi

Fotolitos
Binhos

Impressão
Yangraf

Dados Internacionais de Catalogação na Publicação (CIP)
(Câmara Brasileira do Livro, SP, Brasil)

Amaral, Beatriz Helena Ramos

Alquimia dos círculos / Beatriz Helena Ramos Amaral. – São Paulo:
Escrituras Editora, 2003.

ISBN: 85-7531-104-2

1. Poesia brasileira I. Título.

03-5313   CDD-869.91

Índices para catálogo sistemático:
1. Poesia: Literatura brasileira   869.91

Impresso no Brasil
Printed in Brazil

*Para meu pai,
Oscar Barreto Amaral.*

"Escrever é tantas vezes lembrar-se
do que nunca existiu."

Clarice Lispector, *Legião estrangeira*

"...uma flauta: como dominá-la,
cavalo solto, que é louco?"

João Cabral de Mello Neto,
Psicologia da composição

Sumário

Asa livre, Rodolfo Konder 13
Enigma 17
Hipoema 18
Aragem 19
Cogumelos 20
O enxadrista 21
Verde 22
Incandescência 23
Adágio 24
Metalinguagem 25
Lapso 26
Névoa 27
Gênese do barco 28
Alquimia 29
Espasmo 30
Solares 31
In limine 32
Coisa 33
Revesúvio 34
Hiato 35
Densidade 36
Farol 37
Angular I 38
Angular II 39
Vertigem 40

Transignantia para Haroldo de Campos . . 41
Reincidência 44
Flama 45
Losangos 46
Ressonância I 47
Ressonância II 48
Dies ad quem 49
Sem título nem gênero 50
Se puder ainda 51
Voltagem 52
Paysage des pommes 53
Grão 55
Perdizes 56
Absinto 58
Alquimia para Rodolfo Konder 59
Lance 61
Ótica 62
Água-rasa 63
Poema de pontas 64
Eco 65
Desatino 66
Desvio 67
Ensaio 68
Rastro 69
Movimento 70
Acaso 72
Poética 73

Latência 74
Dosagem 75
Vésper 76
Sig-nós. 77
Convicção 78
Prelúdio sem paisagem 79
Woodstock 80
Losango-tango 81
Antes 82
Esboço. 84
Cristais. 86
Travessia. 87
Quando 88
Tarsila e Eugênio 90
Duas vozes. 91
Música 93
Teste 95
Amor cachorro bandido trem 97
Tema 99
Roteiro. 100
Snos 102
Filme 103
Asas 104

Planagem, crítica de Daniela Braga 107

Asa livre

Na fronteira sempre imprecisa entre a literatura e a música, feita de aragens e cogumelos, vertigens e ressonâncias, testes e espasmos, Beatriz atravessa as névoas da criatividade e relembra freqüentemente o que jamais existiu. Como cabalística enxadrista, Beatriz Helena Ramos Amaral, ela mesma um verso, move personagens e emoções, entre lapsos e palavras, mais precisamente no silêncio de cada palavra, até nos oferecer esta irresistível alquimia dos círculos. Sobrevoa e contorna o leitor, circunda-o com sua asa esquerda, para finalmente seduzi-lo com a apaixonada musicalidade de sua poesia.

Rodolfo Konder,
escritor e jornalista

"Caminha-se por vários dias entre árvores e pedras. Raramente o olhar se fixa numa coisa, e, quando isso acontece, ela é reconhecida pelo símbolo de uma outra coisa.
Nas formas que o acaso e o vento dão às nuvens, o homem se propõe a reconhecer figuras: veleiro, mão, elefante..."

Ítalo Calvino, *Cidades invisíveis*

Enigma

pode ser o exílio
de um signo
que incida (cor de cobre)
sobre a face inusitada
do pintor

ou um fio de luz
e fogo
que a retina
em febre alcance
e apascente

pode ser a sombra
escrita sobre um dia imóvel:
mistérios de prisma
no encanto do leitor

(a desordem das cores
finge que atinge o poema)

o gesto à espreita
tiro certo
propõe o avesso
da pupila

Hipoema

tudo é hipotético:

a abertura da concha
na curva d'água esquecida

os dias avulsos que se marcam
a nanquim ou brasa

o paradeiro do grão
e o motivo da fibra

a sorte do eco inútil
as formas e o casulo

e a casualidade do vento-vetor:
miséria da palavra
e sal transbordante
na língua

Aragem

des   folhar   os   signos
                              pétalas

estilhaço no centro do tempo

         das palavras,
    (re) colher os cacos

   algas brancas e falhas
        serão cactos

   orvalho vanila salina
   a madrugada se guarda
              fosse tarde

áspero espaço: não passo

     a persistir selvagem
                    poema

        rastros de letras
                   aragem

Cogumelos

digeri-los
entre as horas
escoá-los

até a pupila
no impreciso dos sigilos
descobri-los

entre os cantos
no descuido
decifrá-los

até a busca
em minutos
perfazê-los

O ENXADRISTA

em diagonal
    o olho pronto

síncope de lances
provisórios

o outro me calcula
em pressupostos riscos

uníssonos prazeres
pairam sobre espadas

no tabuleiro insano
a gaivota me escolhe

black & white birds
somam asas
medem forças
para o cabalístico vôo

de qualquer confronto
me furto
rasas asas (medo)
torre come torre

Verde

aqui em Manaus
um pássaro
na origem dos olhos, voa

mirá-lo é o tempo
escrevê-lo, a obra

luz precoce
antecipa o rio
e se divide em
figuras de selva

cedo para nuvens, cedo para chuva

o canto seco ao norte
ávido de formas
recomeça

Incandescência

a asa esquerda do anjo   seta

   para quem a vê   prata
              lê   asa

     translúcida
       diz   bússola

a asa livre do anjo   ele próprio
                               ímã

   para quem o vê

a face esquerda do anjo   lateja
                         luz
  e branca se inscreve
  em tecido de estrelas   brilho

   para quem trilhar
          souber   vôo

ADÁGIO

se os olhos podem
são arcanos
de alguma instância de luz
procedem

se a linha se estica
ao máximo e se perde
sombras desabam sobre
o outono rarefeito
no tempo pleno
e quase quente
do tempo

fragmentos de tinta
disléxicos
        se tocam
numa dança   contra

enquanto descrevo o que não sinto
mas guardo a música de vidro

: a língua tecida no abrigo

Metalinguagem

quando digo música de vidro
é certamente um aquário
o que toco –

som nas arestas,
águas nos poros:
todo possível sonoro

quando a flauta
límpida se adensa
sopra no espelho
(a imagem)

âncora no ventre
palavra para qualquer pauta

quando digo safira no abismo
algo se desprende
do tempo

neste vácuo de milésimos,
uma figura, de leve,
entretece o que não digo

Lapso

adormece   o   caule
a viga
a estrutura pensante

como coisas avulsas
poemas:
listras   no horizonte

um cão solitário
atravessa a praia
onde
       nem
              ondas

NÉVOA

a essência da fruta
tingindo o navio
o convés

fragmentos de pólen
dublagem de frases
flashes faces fases

apressada
como um filme
sem imagem

guardei o silêncio
de cada palavra

GÊNESE DO BARCO

vejo o barco
gênese das praias
areias e cerejas

reincidentes meses
tecem redes

como um nó
que se desata à meia-luz
sobre novas águas
te revejo
a remar
sem nenhum remo

nada é óbvio
como a rota:
moldura de vento
em segredo dispara
a gênese das ondas

mesmo no escuro
no fundo míope da lente
um barco é o que vejo
e me inaugura

Alquimia

vejo a lua que lateja, ardente
goles d'água para minhas pausas

desato o espanto exato do olho
que se condensa espelho

dançando numa ilha
um minuto é um estilhaço
e teu abraço
é o que recolho

âncora de palha no abismo
ou barco de primeiro porto

árvore de chuva se esculpe
broto pende do caule
rompendo
quase miragem:
sopro agudo na retina

Espasmo

estrela da manhã
espasmódica manhã
quando
edifico   a pedra
             ao sol

cantares e solares otomanos

ardente o grão de areia
no abrigo da ampulheta

irrefletida   voz   que uma luz qualquer
apagará
num espasmo
              like
              dark
              flight

Solares

receba
o cristal
das sílabas,
retículo

sol e sensatez
não se dispersam

não teorize o vento
a negligente areia

y átomos claros de água

receba
o bronze
das praias,
instantâneo

fogo nos olhos
           verbos

In limine

no parapeito
se estendem
boinas e pombas

do vento plúmbeo
distraídas
avançam entre-linhas
transparentes

cristal-cadência

prata
cinza
orvalho

Coisa

desfacelado trigo
se entranha nas coisas
de minhas coisas

(mulher: hélice ao vento)

plumas e ostras na penumbra

quem saberá o estrago
do vinho e a noite sem
nenhum repouso?

quem colherá o acaso das uvas
o improviso do pão
o limite das grades?

Revesúvio

já não iríamos a Bali
em pálidos grafemas
de recusa

já não diríamos dores
vozes luzes
gesto incorpóreo de viagem

acesa a pira
mesmo à partida

raiz no instante da demora

qualquer descuido
e – frágil – se consuma
o vulcão inusitado
de um poema

Hiato

atreve-se um poente tardio
impreciso como o sono
regendo-me os ombros

o sol indefeso
entre fendas
se recicla

o olho se deforma
na penumbra

deserto
na cidade ambígua

túnicas
alinhavadas de vento
(mal posso vê-las
na amplidão da lenda)

o hiato submerge
na volição do tempo
que se rasga
noite a noite
na garganta

DENSIDADE

casulos
perdidos na lama
enternecendo sentidos
primários
jorrando lucidez
como renda
na possível densidade
narrativa
do poema

como qualquer
gerúndio
a transitar num pântano
de veleiros
insólitos
passos entre
máscaras
e subjetividades brandas
já nem
disfarçam
a dança

Farol

e novas cintilâncias
teimam na pedra:
dezessete caravelas
e uma estrela

pende o mastro
no primeiro susto

areia de vontades prenhes
inflando palavras dúbias

assim a espera dos olhos
sem canções, no limite
dos lábios

silêncio –
um farol
na ardência do grito
calado

e desistir do beijo:
esse mero pretexto
no sopro alcalino do dia

Angular I

uma pedra sobra
sobre
a areia

desdobra faíscas
de luz

não há ponte
em que se deixe
tempo e tinta

por isso, chova
sobre o lustre
sobre o susto –
sobressalto
e sobretudo chova

Angular II

são de musgo
as paredes da semana

de prata
os anzóis
de que me sirvo

Vertigem

certo prumo
é ponto, porto
volto ao gosto solto

posso portas
cordas
posso conchas

em que número
exilar-me?

TRANSIGNANTIA PARA HAROLDO DE CAMPOS

raiz de palavra
luz-fogo-brasa
lâmina em agosto
galáctico
o poeta
ele-haroldo
piloto em nau verbal
transintática
sintética
sincrônica

no xadrez de estrelas
ele – signantia pura
quase coelum
semente transemântica
metassilábica
em cinco plenos sentidos
ele-múltiplo, áureo
em transcriados campos
recortando essências

em mar pós-mallarmaico
e lances de acaso
e gomos de grafemas
um sol-noigandres
na concretude
translumina
cantos e cantos
em viagem poundiana
audaz navega
e ultrapassa
o finismundo

reinventando a máquina:
travessia reinscrita
de um todo –
ele-transcriado
em cósmica matriz
a poliforma
se transfigura
crisantemos
crisantemas
crisantempo
além do tempo

no arco-íris branco
ele-farol
sobre jade
sua bere'shith
no horizonte
transblanco
transprovável
no homérico antevôo
de sua polifônica
transpoesia

REINCIDÊNCIA

nada forja este rio
nem o dilema dos dedos:

tua mão de poeta
para o golpe de cristal
que em todas as faces
reincide

a mesma argila nos molda:
pira acesa na epiderme

Flama

numa fresta de linguagem
tua voz densa me alcança
pêndulo sem pausas
me interroga

no impasse
de saturados vícios
ininterrupta
a flama cintila

na urgência de um ímã
que insiste
pétala por pétala
tua voz fermata me alarga

Losangos

vapores que o outono engendra

na rolha
a memória do vinho:
olhos eslavos e faíscas mudas

losangos trançados no assoalho

aconchego do feltro para as tuas luas

Ressonância I

zero me escuta
magnético

a lasca de afeto
ao alcance da mão

onírico zero

despressurizado
circular

viveiro de vozes
e arames

caberá à boca
deglutir a brasa

Ressonância II

vou pelas beiras, intérprete
de um castelo inusitado
com meus cavalos, vou
a galope
tanger o absoluto
sem controle

neste vácuo, não te estranho
por heróicos gestos ou
selvagens olhos

vou pelo espelho, pelo entalhe
pelo corte fractal
das assonâncias

mas não te perco, inerme,
na errância dos impulsos
interditos

vou pelas margens,
pela matéria das ondas –
cristais que os temores não partem

DIES AD QUEM

vencido o labirinto,
excedo o prazo

de cansada ver-te
já nem olho

chega dessa teia
urdida a espanto

pois
mesmo para os deuses
vence o prazo

Sem título nem gênero

qualquer fragmento de tempo
me furta o equilíbrio

ora raízes me exigem a leste
ora dragões me impelem ao sul

ser poeta, em que cais?
jamais porto, peixe ou paz?

a consciência baça
na clareira de uma tarde
instável

há música de câmara
e resignada aguardo
o metafórico círculo
do arbítrio

Se puder ainda

se puder ainda
hoje troque seu
astra cor prata
por uma ostra de
prata da qual se
extraia sua parte
na pérola de existir

se puder ainda
hoje cultive a tuli
pa azul que dos
olhos (des) embar
gados brotará na
prima vera se o
Jardineiro sorrir

Voltagem

Vicenzo, Valquíria e Virgínia vagaram vexados por Veg

Voltaire – a cidade – voltagem – Valença, viagem, Varginl

Vicenzo, Valéria e Volpato viraram a mesa e voara

Varando revendo e relendo seus vôos revôos reves

Vicenzo, Valente e Violante vibraram violando verdad

voltando e levando valises do tempo dos próprios desliz

de agora em diante – calada – viagem voltagem planage

violando vampiros e lendas, Vicenzo Valente me enfren

Paysage des pommes

edificar no escuro
a
paisagem das maçãs
toda tarde
a estrábica vontade
suíte dos peixes
paraíso dos ventos
loucura dos olhos

árias: intangíveis águas
de nenhum mergulho

delinear o risco:
improvável margem
de selvagem grito

recolher os mastros
afastar os barcos
resguardar a pele
da palavra inerme
mas – a qualquer hora
seja desta porta

que me aflore a luz
e abra-se a miragem
do maior poema
que jamais compus

GRÃO

uma remota decência
quase intacta
em teus gestos
me reconecta ao tom:
argila, seus estágios
a incidência da cor

todas as mulheres criam
filhos, danças ou gatos persas
entreluzindo – línguas sempre sábias
vontades maturadas
para a granulação do trigo
e sua entrega

uma tênue decência
e seu impacto
suas mãos me vêm
em círculos alquímicos
de novo acesos
que colho entre
as rasuras do poema

Perdizes

na Homem de Mello
sempre em frente

vê-se a banca: três revistas,
uns jornais

pegadas inseridas na paisagem
e pálpebras de pégaso nas sombras

Perdizes dos templos e das missas
das horas da preguiça vespertina

das cálidas e pálidas crisálidas
das fases de uma lua de doze faces

tornar a Perdizes esta tarde
flash de becos e arabescos

na Domício da Gama, entrar à esquerda
de sol e luz-Bonnaire, descer ao parque

viveiros de palavras – primaveras
nada de carpas, nada de chuvas,
nada de ventos

depois de um chopp claro
no Krystal

até amanhã
sofismas e teoremas
cansaço na ladeira e ritornello
insônia de poemas e figuras

Perdizes da ginástica das nuvens
das aulas de inglês e de violão

do espelho que se entalha e se atrapalha
do olho e da retina dos enganos

Pre dizes que as vanguardas te resguardem
do ouro que se espalha à contra-mão

Perdizes das teorias (re) construídas
à plena consciência de voltar:

subir a Monte Alegre semiótica
pós-todas as miragens miramar

dos Campos e viagens de linguagem
concretas garoas e Guaranás

Absinto

absinto
tinge o meio do dia

recobre de ocre
o estranho das cores
luz-Brasília

famintos
aos rugidos
   tigres   reclamam
                              terra
enquanto   é   inverno

bramidos se alastram
(curvas de história)

mas agora
releio Manuel Bandeira
e juntos   esculpimos
fragmentos de vento
em pontes de gelo

Alquimia para Rodolfo Konder

exílios liam as palavras
que ontem zenon escrevia
árias, fugas e cubas
crenças, lutas e pragas

no dorso das dores
zenon profeta escrevia

catárticas vozes e senhas
alquímicos sonhos e culpas
o vaso sagrado
sangrava na neve
quebecs, ontários e lagos

até que se rompe a utopia:
cristal de um copo trincado
a corda da harpa arrebenta
e a sede anistia sua coragem

agora há o brasão na parede:
vermelho e prata se inscrevem
na pele do ilógico tempo
no vento das cores plurais

na mesa, o relógio de Borges
mistérios de toda ampulheta
crisálidas, casulos e símbolos

na imagem da maior parede
o gosto de alguns sabores
jardim onde suas palavras
alquímicas se bifurcam

Lance

sem apoio
asas reverbero

vejo o corrimão
e me asseguro

leio o dia
num jornal de folhas
soltas

calada
na cela 318

mínimo pássaro
: ao menor olhar
do outro
se recolhe

ÓTICA

talvez joio
mas vi trigo

translúcido
o mergulho
de tais névoas

o que se sabe
já nem arde
para os olhos
do grão visto

ÁGUA-RASA

Cisne,
nesse barco
você não
entre
nem cisme
você nem pense
no arco desse barco
você nem tente
a corda se tange ao longe
e o ventre
águas agüente

Poemas de pontas

alguém dá o start:
a aspereza do dia
e a ponta da palavra
sacam arcos e lanças

o cigarro cinzapaga
a outra ponta

abelhas em círculos
encetam
migalhas de tempo

indignas pontas
de rasgado lume

Eco

se me trazes o arco,
não dispara as flechas

são vinte pausas
para tua vontade

a madrugada
se embriaga de ironias

tudo é sempre menos
do que jamais podemos

no eco das palavras
ouço harpa
porque a noite é surda

Desatino

intensidade
num fluxo de lodo e gozo

remos na paisagem
do medo

o que sobra e cede
em desatino –

discurso em vão
espúria curva

Desvio

retalhos de horizonte
perderam-me na tarde

qualquer fratura na bússola
é pretexto

precipitar-me:
lago de palavras
no começo

balões numa ciranda
se evaporam
despindo os pudores
do poema

Ensaio

aqui nada me flagra
indiferente à culpa
move-se o tédio

inclino-me
sobre o impasse
como quem pesca

a voz anasalando o vento
solene
na chuva se condensa
o medo

as mãos conspiram
: remos forjando
a dispersão das águas

Rastro

o corpo da palavra
é outro navio perdido:
fratura no tempo
sem alarde

à âncora basta o fundo mudo
um olho a dissipar permutas

como folhas e pistas
se abandonam
como pedras se engastam
em dunas

assim me vingo do riso
jamais construo outra ponte

que o risco na teia me exponha
e a tarde nos vede este acaso

Movimento

ali, na vasta floresta semântica
um ponto de luz
e náusea
pássaro que oscila
volúvel
vertigem sem pouso

o código se move
na escritura, mas
o que se passa
no ato desse traço?

a língua no avesso da meta
sol a pino
entre heresias e pactos

ali, no débil contexto
do tema
uma fenda arcaica:
libelo e futuro

volátil saliva
para a dosagem dos danos
camadas de tinta e mágoa
para o ajuste da forma

ali, na travessia dos trilhos
da sílaba precária e gasta
a língua que escreve se apaga
e a pedra escrita se guarda

Acaso

aqui, no ateliê
jatos de cor me ocorrem
aleatórios
como tardes:
flácidas idéias
que dissipo
como ondas
acasos
de pêndulo

à noite, colho
a insônia
e estou nua
vejo o estilete,
inútil para a tela
e os pincéis, prontos
para as mãos vizinhas

no cavalete, a tela
fixa para o excesso
das cores
me apara
como espada – casual
faz miragens de grafite
no vácuo

Poética

para Mariana Ianelli

táctil, esse teu poema
de senhas e entrelinhas
vem tanger o inevitável sentido

prossegue: muitas vezes já amanheceu
calor na aurora
e o barco te antecipa
: um dia sempre-outro

não bastem espelhos, ampulhetas
ou os grãos silábicos do tempo

nem toque a pedra indivisa
de surpreender derrotas

vê: tuas palavras se volatilizam
se as pressinto livres
(vencem)

em passos insólitos
poemas nos guardam
impunes

LATÊNCIA

lugar nenhum
é meu começo
e da língua,
o que alcanço
é somente mais silêncio

qualquer início
sem domínio: íris
na borda do tempo

para a sílaba
de seda
eleger o som

tímpano de avessos
sem espaço

poesia de ave
soletrando asas
atrás

esboço de sono
pinga formas no poente

Dosagem

hóspede das vozes
que arremato, no idioma
de futuros evidentes –
o inviável anonimato
se tece nas mãos
jangada perdida
em único oceano

nada conterá a exatidão
de um estalo
a conexão da fala
numa débil escritura
de retalhos

mas o caminho entre
conchas e palavras
trará o atrevimento do sal –
o enredo permissivo:
improvável luz
na concisão do espanto

Vésper

dilacerando acasos de outono
ela se lança
vespertina
com a energia de meus cuidados
e insultos

encantam-me
as palavras que conquista
brisa ondulada no dorso
em tarde que se adensa

na vacuidade do espelho
um rastro de futuro
refluindo vibra
e se encrespa

SIG-NÓS

numa torre metaforizada

   olhos romenos
                propícios

   luzes na clausura
                distraídos

  fingimos que partimos
        inocentes

mas assíduos – como signos –

   enquanto a noite desce

      úmida
    raiz de vento ambíguo
    resvala

digo e dizes e pronto!   nada
      de nós
    desata o resoluto nó

   o mar que renuncia
     nem deságua

Convicção

saberás de uma farpa
mesmo quando não rasgar
tuas frases e fábulas
não tomar
os farelos e as migalhas
das palavras caras

saberás de um moinho
mesmo que não triture
os argumentos retidos
no entretema: pegadas
de se perder

saberás de um anzol
mesmo quando não trouxer
em pesca, o enredo
fugaz de outra voz

Prelúdio sem paisagem

na madrugada de uma esteira
muito cedo resta o tempo

centelhas de coisas escapam:
a neblina, o desvio de
minha força, ao longe
o dorso na rede, a sede
o foco da lua dispersa
o arco e a flecha

numa esquina sem paisagem
a linha frágil das cifras
em poço estéril se estende

irrelevância da tarde:
dores me esculpem
e me perdem

Woodstock

é claro que não fui
(nem poderia)
agora os ouço tempestade

guitarras e luares todavia
amenos entre acenos
me rodeiam

se outra missão desencadeia
a tela impressa nessa estrada –

perpasso à meia-noite esta vontade

Woodstock: vertigem nas veredas

Losango-Tango

para Nina Moraes

a cor se empresta nome
do azul
gira em torno do vento-som

amarelâmpago, amareluz
vermelho incrusta-se lá
minissílaba rubi sol

amarelâmina, cristal

square sabe abre azul
azula meio ponto-luz

espessura

pesponto xis e giz atrás

vôo-três: luz a sul

Antes

era assim
      cisco no olho
e ato falho

espreita ilógica
afetos nulos

descolorida reincidência
de dejetos

inútil:
era indagar e perder
propor e naufragar
outra e outra vez

afinar a flauta
e arremessar contra o nada
dezenas de bons presságios

a voz

insensata (me emprestaram)

luz de prazeres humanos (apagaram)

mas – no curso turvo deste dia opaco
(parede desbotada que me esmaga)

   surgirá galopante a palavra
                                fogo

   princípio de me acender

Esboço

neste elo
permaneci crescendo
labaredas por vultos
ainda

ácidos pudores
pânicos e pântanos
vencidos

nos primeiros dias
esbocei surpresas
no quadrante

como a forma
de parecer cansada
aceitei pendurar-me
no fio de uma vontade
partida

o peso da guerra nos pulsos:
dor de abrir teus segredos

nó retendo o fogo,
luz imperativa na arena

sim – cansada como quem
contorna o mundo
e dele conserva o alarme

CRISTAIS

todas as pedras
brutas atiradas,
devolvi polidas

num decreto
o sábio deserto silábico
inverteu as letras
do teu nome
nesta involuntária trama
de anagramas
na espessa urdidura do tempo

agora: arrepio nos lábios
asas salgadas de vento

o acesso de meus passos
é rapsódia nas pedras

calçando estrelas recomeço

Travessia

atravesso a página –
lírios e grafemas são
os túneis que simulo

na inviável neblina,
um vôo-vapor
no espectro de luz

culpas se esculpem
sobre águas de retorno

a voz me guarda:
escala modal
para entoar
o outro silêncio

Quando

quando tuas coisas
se aninham entre os detalhes espessos
das minhas coisas
desprotegidas ou majestosas
como o pêlo de um gato
no turbilhão das noites de lã

quando me ofereces adjetivos
pássaros que eu desconhecia
construindo planos de um vôo
inocente
ainda assim ágil

basta tecer uma rede
na sombra muda em que o futuro hesita
em torno de suspeitas vãs
ou algemá-las
num círculo de prata
e despistar o medo

quando teus deslizes
herméticos e sem ruído
insinuam pupilas brilhando
no inverno – crisálidas

ancoragem: ternura latente
em teus lábios-andaimes
e basta o avesso
dessas todas-coisas
para agasalhar a noite

TARSILA E EUGÊNIO

quando vierem abrirem pandoras
volumes aromas sabores, quando
luares abrirem cantares estrelas
cantarem quando
 cometas berceuses surpre
sas vierem vontades de fazer vonta
des: águas túneis timbres. Da (im)

possível estrada para ser passagem

Duas vozes

ilhas e bandeiras
filtros de dizer

abandono das palavras
no precipício que as cala

meses triturados
e um leitor de pé
nos intervalos, à porta

o lume nos olhos te acenando
oculta a angústia em breve riso

sigilo de mapas, figuras
de azulejo
tulipas dispersas na janela
e
em outro gramado,
um permissivo tempo novo
cintila

listras de página
faíscas de riso

à alegria do risco me obrigo

pontes de reino:
o leitor revisto à porta
em recessos orbitais do próprio
vácuo
na queda do cachimbo, sem as brasas
salva o instantâneo fio de tinta
em que te ocorre ser poeta

Música

prometo-lhe runas
colunas dóricas
e também idéias,
sobretudo idéias
que, no útero alquímico
os vapores mudam

cedo-lhe as cores
os muros do palácio
tochas acesas no código
das ilhas

no instante pictórico
o bico do albatroz
e a cítara na música
que a saiba exata

quando se prometem
brancas rimas, pólen primitivo
e extrato de palavra
há o tempo rasurado
nas vacâncias: de se prometer
figuras a um mosaico

prometo-lhe a noite
insólita fogueira sob a chuva
nas pontes de rascunho turvo
o acaso das arestas
numa contradança

Teste

o sol dissoluto
faz urgências de calor
nas mãos

na água se consuma
o tempo verossímil

na pele se instaura
o recesso do pincel

aquarelas nada belas
esquadros e fractais

as mãos conhecem
os primeiros golpes

relampeja no desejo:
sopro – tinta e lenda

espuma dissidente
pontilha o papel

qualquer vazio é luz
entre as fendas do poente

vitral de noite espúria
que a manhã redonda
liberta

Amor cachorro bandido trem

dolce, quando vem
me arrebata

deixo o eixo
perco o prumo

livro o peixe
das artérias

esse trem
me arrasta

vagão-pedra
esse cão

faísca de luzes
no escuro

vulnera e ilumina
as manhãs

também sangra
e me arrasa

quando vem
desse jeito

amor cachorro
bandido trem

em seus trilhos
ácidos delírios

a meia asa da brisa
no agudo de espadas

amordrummond esse trem
flauta e fagote, Oxalá

Tema

grávido grafema sobre a mesa
forja uma resposta
improvável

noite noite, lua no rosto:
caiba em meus poros a brisa
que é prata e tema das horas

seja como possa
o sal de cada sílaba:
sombra azulada no ventre

Roteiro

para Augusto Sevá

ele traz o oboé
estamos entre águas
e cavalos

que história?
nexo
em voz perdida?

a água letárgica
vale o repente
da tarde?

que verde
escurece o anestésico
instante
de um poço
simplesmente fundo?

que enredo
na rede se mede, parado?
que vento expande
na tela essa teia?

ele – em plano
olho de azulplano
porto de soma e som:
oboé diz atobá

Snos

flui a espiral, étoile
et recessiva, preens,
inter (rompida), o e (h)

lâmina em mim: qirst verps
flui virtual tex tex
estóica (eu) heróica, frix

verte um sinal: plaaz
flui vespertina, agf
nuaneblina et paille

e descrevê-la, étoile?

se me decifras: snos
abismos abrirmos waij

Filme

nem sei da luz
prefixo do brilho
já prepara o sol

Asas

se ela pensa
como adensa
o pretexto

já não troca
a senha que a descobre
nem o gosto de escrevê-la
nem o resto

e passa em pássaros
sua escolha:
uva grafitada no intertexto

Nota:

Lonsango-tango é um poema inspirado em obra homônima da artista plástica Nina Moraes.

Planagem, de Beatriz Helena Ramos Amaral

Daniela Braga

> "receba este livro
> como uma partitura
> desmontável
> a brincar entre seus dedos (...)"
> *Planagem*, p.216

A leitura de *Planagem* é a um tempo intrigante e reveladora, mergulhando-nos numa espécie de viagem iniciática em que o espaço físico do papel ganha contornos plásticos e em que, a cada instante, a palavra se reinventa em forma, volume, música, sonho.

Como em toda a viagem, há algo de crescimento interior, às vezes doloroso ("e nesta busca / assume-se o lirismo / quando o olhar / naufraga / em seu próprio abismo", p.237); há algo de demanda da verdade, da ordem, do quase nirvana ("o instante agudo de chegar ao cimo / acima de tudo / onde há quase nada", p.291).

Este percurso, faz-se da análise para a síntese, da dispersão para a confluência. Assim, Beatriz Amaral transporta para a sua poesia algo da "floresta de símbolos" baudelairiana, o ritmo da música de Verlaine e Mallarmé, o claro-escuro do barroco, a experiência concretista e a fusão entre a tradição ocidental e o equilíbrio cósmico-taoísta.

Numa análise diacrônica assistimos a uma depuração de forma, que vai do poema longo à perfeição do hai-kai, que, aliás, abre e fecha *Planagem*, como um círculo, em eterno retorno.

Num primeiro contacto, o leitor parece ficar desconcertado pelo aparente esvaziamento semântico do poema, pela ausência de pontuação, pela transgressão gramatical, tocando o nonsense ("lluvia ll / lluvia lluvia ll / lluvia lluvia lluvia / cacho d'água e latinuvem", p.68). Mas, a pouco e pouco, descobre o "sal silábico" (p.23) do poema, os jogos fónicos, musicais, paronomásicos ("pista séria / vista aérea", p.158); a harmonia das rimas interna e externa ("flamingos e flamingos / miragens e (de) lírios / róseos raios de luz / regem leques de linho", p.42); a ruptura da palavra e seus morfemas ("através das oliv / eiras de Kiarost / ami filtro a p / aisagem linear (...)", p.82); a pulverização do sintagma ("você alfa quase beta / asa delta / sobre o mar", p.184); as ligações lexicais inusitadas ("vaga-lumes vera-luz", p.241).

A seguir, no deserto branco de cada página, o leitor vê acontecer cada poema ("um poema / pérola de grafite / sobre o branco", p.129), desenhar-se, materializar-se, ora numa imagem estática ("algo análogo lago", p.118), ora dinâmica (cf. poemas "América", p.69; e "Aeroverso", p.279), mas sempre sugestiva. Perde-se numa poesia sinestésica onde perpassam rumores, sugestões visuais, cinésicas, e até cinemáticas (cf. "Cinemiragem" p.60; "Escala", p.302).

Depois da experiência da forma, o leitor é desafiado a entrar no universo energético de Beatriz Amaral. A princípio hermético, enigmático ou desconexo, desvenda-se aos poucos.

Uma das constantes desta poesia é o mistério da criação poética, concebido como transmutação alquímica ("projeto alquímico / ouro de grafema", p.63). O eu poético ora se assume como um mago que exorciza os signos (cf. "Encantamento", p.28), ora age sobre o poema num acto demiúrgico (cf. "Aleph", p.46; e "Exercício de abrir letras e verdades", p.49); umas vezes sucumbindo à angústia de uma perfeição que julga não atingir ("Depois o desaponto /de seu estar à margem", p.285), outras vezes errando num "caos de sombras" (p.273), para no final se encontrar ("É preciso / no mundo / nada existir / além do verso", p.283).

De imagem em miragem, o eu-poético mostra-nos a dialéctica das forças cósmicas yang e yin, masculino e feminino, sol e lua, fogo e água. Estes elementos primordiais, nem sempre em equilíbrio, resgatam nesta poética o inconsciente, o psíquico, o conhecimento indirecto, em obsessivas imagens aquáticas ("água", "mar", "rio", "lago", "chuva") e nocturnas ("lua", "estrelas", "noite", "Via Láctea"), simbolicamente femininas.

A Água, regeneradora e pura, a Lua, relógio temporal, ligada ao ciclo da fecundidade, da vida, do sonho, a Terra, deusa-mãe, atravessam essa poesia em suave tensão com a imagética masculina do Fogo, do Sol e da Luz. A instabilidade contraditória da alma feminina é-nos ainda evocada na imagem do vento, que também se liga ao transitório, ao devir temporal.

O corpo nesta poesia afigura-se-nos fragmentado, ora fixando os lábios ("todas as letras / pre dis pos tas / em teus lábios", p.26) e a boca, ora os olhos ("pousa uma estrela / nos olhos da flor / e a beija", p.187). A sensualidade do beijo ("teu sorriso grego / ergue-me ao Olimpo / num beijo", p.176) atinge o erotismo no poema "Amanhã seguirei para Atenas" (p.138), pela sugestão da dança, da noite, num cenário remoto, exótico, da mitologia grega. Os olhos (e lexemas com eles relacionáveis "retina", "pupila", "pálpebra", "íris") são alvo do fascínio do eu-poético, enquanto símbolo de percepção intelectual e espiritual e por vezes captando o real ("olhos filmam paisagens marinhas", p.321), outras vezes agindo sobre ele ("o olho de corrigir / as cores", p.59), ou sobre a linguagem ("o olho tece a linguagem", p.60).

Em *Planagem*, pressentimos o jogo interseccionista entre a música, a imagem, a palavra, o grafema, nas suas relações secretas com o mundo invisível (cf. "Entressombra", p.47).

Os acordes da lira, da flauta e da cítara plasmam-se nos "rios silábicos" (p.46) do poema, tocando a vertigem os sentidos (cf. "Táctil", p.83), tangendo a harmonia cósmica (cf. "Encadeamentos", p.304), a "essência rítmica do tempo" (cf. "Música no ar", p.318).

O fluxo da viagem funde-se na mística do vôo do pássaro, desvendando o título da obra. Convocando o Mito de Ícaro, na procura do absoluto, do inatingível, esta poesia desdobra-se em imagens, ora de queda (cf. p.117 e 314), ora de ascensão (cf. p.291), para finalmente alcançar a plenitude da "planagem" (cf. p.279), instante entre o céu e a terra, onde vive o sonho, a memória, a música, onde "não há tempo", onde "o que vier será bem-vindo / desde que plane em verso" (p.306). "Sente-se comigo nesta rede no tempo sem paredes de um balanço", p.213).

Crítica publicada na revista *Terceira margem*, do Centro de Estudos Brasileiros da Faculdade de Letras da Universidade do Porto, em Portugal (Seção Crítica, p.76/77). *Planagem* é obra poética reunida de Beatriz Helena Ramos Amaral, compreendendo seus livros de 1983, 88, 90, 93 e 98.

Impresso em setembro de 2003, em papel offset 90g/m²
nas oficinas da Yangraf
Composto em Galliard Roman, corpo 13pt.

Não encontrando este título nas livrarias,
solicite-o diretamente à editora.

Escrituras Editora e Distribuidora de Livros Ltda.
Rua Maestro Callia, 123 - Vila Mariana – 04012-100 São Paulo, SP
Telefax: (11) 5082-4190 - http://www.escrituras.com.br
e-mail: escrituras@escrituras.com.br (Administrativo)
e-mail: vendas@escrituras.com.br (Vendas)
e-mail: arte@escrituras.com.br (Arte)